Für Sophie ~ J. E.
Für Millie und George, in Liebe
Tante Vanessa ~ V. C.

Ein wunderschöner Sommertag im Wald.
Die Vögel singen, die Bienen summen
und die Sonne hängt hoch am Himmel
wie eine strahlende Goldmünze.
»Ein idealer Tag für Erkundungen«,
findet Maulwurf.
Also macht er sich auf den Weg,
um zu sehen, was es zu entdecken gibt.

Bei warmem Wetter kommt Maulwurf eigentlich nicht aus seinem Bau. Er ist die Hitze nicht gewohnt und muss schon bald eine Pause machen.

»Buddel, buddel! Schwitze-Hitze!« Außer Puste setzt er sich neben einen bemoosten Baumstrunk.

Da hört er eine piepsige Stimme: »Mücken und Käfer! Oder ist da noch wer?« Überrascht springt Maulwurf auf und schaut in ein plüschiges Gesicht, das ihn durch einen Spalt im Baumstrunk prüfend ansieht.

»Hallo!«, sagt er aufgeregt. »Ich bin Maulwurf. Und wer bist du?«
»Ich bin Maus!«, spricht das Gesicht und schenkt Maulwurf das süßeste Lächeln, das er jemals gesehen hat.

Der Baumstrunk ist hohl und in seinem Inneren hat Maus ein hübsches Nest.
Ein sehr hübsches Nest sogar, bemerkt Maulwurf, als Maus ihn zu sich einlädt.

Maulwurf findet, dass auch Maus sehr hübsch ist.
Als er an diesem Abend nach Hause geht,
ist er sehr glücklich: Er hat eine neue Freundin
gefunden!

Maulwurf hat auch andere Freunde, von denen jeder den anderen kennt. Aber jetzt hat er eine Freundin ganz für sich allein.
»Maus ist meine ganz besondere Freundin«, sagt Maulwurf zu sich selbst. Und er beschließt, Maus geheim zu halten und niemandem von ihr zu erzählen.

Zum ersten Mal hat Maulwurf ein Geheimnis. Das ist so aufregend für ihn, dass er kaum an etwas anderes denken kann.

Und so besucht er Maus gleich am nächsten Tag wieder.

Maulwurf verbringt so viel Zeit mit Maus, dass er für seine anderen Freunde gar keine Zeit mehr hat. Als Eichhörnchen, Igel und Hase kommen, um Maulwurf zu treffen, ist er kein einziges Mal in seinem Bau!

»Wo kann er sein?«, wundert sich Eichhörnchen.
»Und was hat er vor?«, fragt sich Igel.
»Hoffentlich geht es ihm gut«, sagt Hase.

Eines Morgens, als sich Maulwurf
gerade eilig auf den Weg macht,
um wieder heimlich Maus zu besuchen,
trifft er auf Hase, Igel und Eichhörnchen.
»Hallo, Maulwurf!«, sagt Hase.
»In letzter Zeit haben wir dich selten
gesehen. Also wollten wir einfach mal
bei dir vorbeischauen.«

Maulwurf ist enttäuscht.
Er möchte so gerne Maus wiedersehen.
Aber er kann doch seine Freunde
nicht wegschicken.

Aber als sie ins Plaudern kommen, genießt Maulwurf wie immer die Gesellschaft seiner Freunde.

»Also, Maulwurf«, sagt Hase schließlich.
»Was führst du im Schilde?«
Maulwurf ist diese Frage peinlich.
»Keine Ahnung, was du meinst. Ich wollte bloß ...«
Ehe er antworten kann, wird Maulwurf unterbrochen.

»Hallo, Maulwurf! Bist du da unten?«, ruft eine Stimme von draußen.

Es ist Maus!
»Ich dachte, zur Abwechslung komme ich dich einmal besuchen!«, erklärt sie Maulwurf.

Hase, Igel und Eichhörnchen sind sehr überrascht,
aber auch sehr erfreut, ihr zu begegnen.
Und schnell schließt Maus Freundschaft mit ihnen.
Nur Maulwurf sieht unglücklich aus.

»Was ist denn los, Maulwurf?«, fragt Hase.
»Maus war meine besondere Freundin«, sagt
Maulwurf bedrückt.
»Und jetzt muss ich sie mit euch teilen!«

»Ach, Maulwurf!«, sagt Maus und umarmt ihn.
»Ich bin und bleibe deine Freundin!
Nur eines hat sich geändert:
Seit heute bin ich auch noch mit
Hase, Eichhörnchen und Igel befreundet!«

»Freundschaft ist etwas ganz Besonderes!«, erklärt Hase.
»Und das Beste an ihr ist, dass sie größer wird, wenn du sie teilst!«
»Das wusste ich nicht«, sagt Maulwurf.
Da lächelt Maus.
»Du hast mich also geheim gehalten?«

Maulwurf schämt sich.
»Ja, das habe ich wohl«, gesteht er.
»Aber jetzt weiß ich es besser:
Du bist ein Geheimnis, das es wert ist,
geteilt zu werden!«, strahlt Maulwurf.

Für Robyn ~ J. E.
Für Hugo ~ V. C.

Zu Hause ist es am schönsten

»Buddel, buddel ...
KNUDDELWARM! Alles grün!«,
strahlt Maulwurf,
als er eines Morgens
aus seinem Bau auftaucht.
Ein wunderschöner Tag hat begonnen.
Die Sonne lacht.
Und mit ihr viele Blumen.
Maulwurfs Bau scheint ihm plötzlich
sehr eng und finster und langweilig.
»Warum lebe ich unter der Erde?«,
fragt sich Maulwurf.
»Ich will eine GROSSE Wohnung,
eine HELLE und WUNDERSCHÖNE!«

Schon macht sich Maulwurf auf die Suche nach einem neuen Zuhause.

Er ist noch nicht lange unterwegs, als er Igel begegnet.

»Hallo, Maulwurf«, begrüßt ihn Igel.
»Was hast du vor?«
»Ich suche ein neues Zuhause«,
erklärt Maulwurf.
»Es soll GROSS, HELL und
WUNDERSCHÖN sein!«
»Ich zeige dir den
richtigen Platz!«,
sagt Igel.
»Komm mit!«

»Nun, was meinst du?«, fragt Igel, nachdem sie in einen hohlen Baumstamm gekrochen sind. Maulwurf will sich wie zu Hause fühlen, doch ein starker Wind pfeift durch den Baumstamm.

»Zugegeben«, sagt Maulwurf bibbernd, »es ist sehr GROSS, aber viel zu windig für mich. Ich brauche einen gemütlichen Ort.«

Als Maulwurf und Igel aus dem Baumstamm gekrochen sind, entdecken sie Eichhörnchen.

»Was ist los?«, fragt Eichhörnchen.

»Ich suche ein neues Zuhause«, erzählt Maulwurf. »Es soll HELL und WUNDERSCHÖN sein.«
»Und GEMÜTLICH«, erklärt Igel.

»Nun, was meinst du?«,
fragt Eichhörnchen, nachdem Maulwurf
in ein leeres Vogelnest geklettert ist.

Maulwurf will sich wie zu Hause fühlen.
Doch seine Angst, aus dem Nest zu fallen, ist zu groß.
»Zugegeben«, sagt Maulwurf,
»es ist sehr HELL, aber viel zu gefährlich für mich.
Ich brauche einen sicheren Ort.«

Igel, Eichhörnchen und Maulwurf sind eben vom Baum geklettert, als Hase vor ihnen steht.

»Was ist los?«, fragt Hase.
»Ich suche ein neues Zuhause«, erzählt Maulwurf.
»Es soll WUNDERSCHÖN sein.«
»Und GEMÜTLICH«, erklärt Igel.
»Und SICHER«, ergänzt Eichhörnchen.
»Ich zeige dir den richtigen Platz!«, sagt Hase.

Hase führt Maulwurf,
Eichhörnchen und Igel
an einen kleinen Bach.

»Da drüben!«, ruft Hase und hoppelt sicher von Stein zu Stein.

»Nun, was meinst du?«,
fragt Hase, nachdem alle in eine
Höhle neben einem tosenden
Wasserfall gekrochen sind.
Maulwurf will sich wie
zu Hause fühlen.
Doch der Wasserfall
macht ihn patschnass.
»Zugegeben«,
sagt Maulwurf,
»es ist WUNDERSCHÖN,
aber viel zu nass für mich.
Ich brauche einen
trockenen Ort.«

Es ist schon spät geworden
und Maulwurf hat noch immer
kein neues Zuhause gefunden.
»Ich hätte nie gedacht, dass es
so schwierig wird«, seufzt Maulwurf.
»Mach dir keine Sorgen. Wir werden
schon etwas finden«, beruhigt ihn Hase.

»Wir müssen gut überlegen«,
sagt Eichhörnchen.
Also setzen sich alle und überlegen
und überlegen und überlegen, bis ...

... Maulwurf ruft:
»Ich kenne den richtigen Platz!«
Also führt er Eichhörnchen, Igel und Hase durch den Wald zurück bis zu einem vertrauten Hügel.

»Das ist doch dein ALTES Zuhause!«,
rufen Hase, Igel und Eichhörnchen.

»Ich weiß!«, lächelt Maulwurf glücklich.
»Ist es nicht WUNDERBAR?
Es ist weder GROSS noch HELL noch
WUNDERSCHÖN.
Aber für mich passt es genau.«

Draußen ist es finster
und ein Sturm tobt über die Landschaft.
Doch alle fühlen sich wohl in Maulwurfs Höhle.
»So gemütlich!«, sagt Igel.
»Und sicher!«, sagt Eichhörnchen.
»Und trocken!«, sagt Hase.
»Ja«, sagt Maulwurf
zufrieden.
»Zu Hause ist es
am schönsten!«

Für Timothy ~ J. E.
Für Hugo, Ellie und Douglas ~ V. C.

»BUDDEL, BUDDEL, SCHNUDDELNASS ... VERFLIXT!«,
keucht Maulwurf eines Morgens,
als er den Kopf aus seinem Bau streckt.
»Es regnet noch IMMER!«
Maulwurf mag keinen Regen.
»Bei diesem Wetter bleibe ich unter der Erde«,
beschließt er. Schon seit einer Woche regnet es.
Maulwurf vermisst seine Freunde – besonders Hase.
    Seit Tagen hat er ihn nicht mehr gesehen.
        Maulwurf macht sich Sorgen.

»Lieber Hase«, seufzt Maulwurf.
»So schön wäre es, dich wiederzusehen!«
Da hat Maulwurf eine wunderbare Idee:
»Ich muss nicht in den Regen, um Hase zu sehen!
Ich besuche ihn durch einen TUNNEL!«
Und schon beginnt Maulwurf zu graben ...

Unter dem Schutz der Bäume hat Eichhörnchen Nüsse gesammelt und ist dabei, sie zu vergraben.

Als Eichhörnchen die Nüsse in ein Erdloch wirft, springt es auf einmal verblüfft zurück:
»Aua!
Autsch!
Au!«,
schreit es aus der Tiefe.

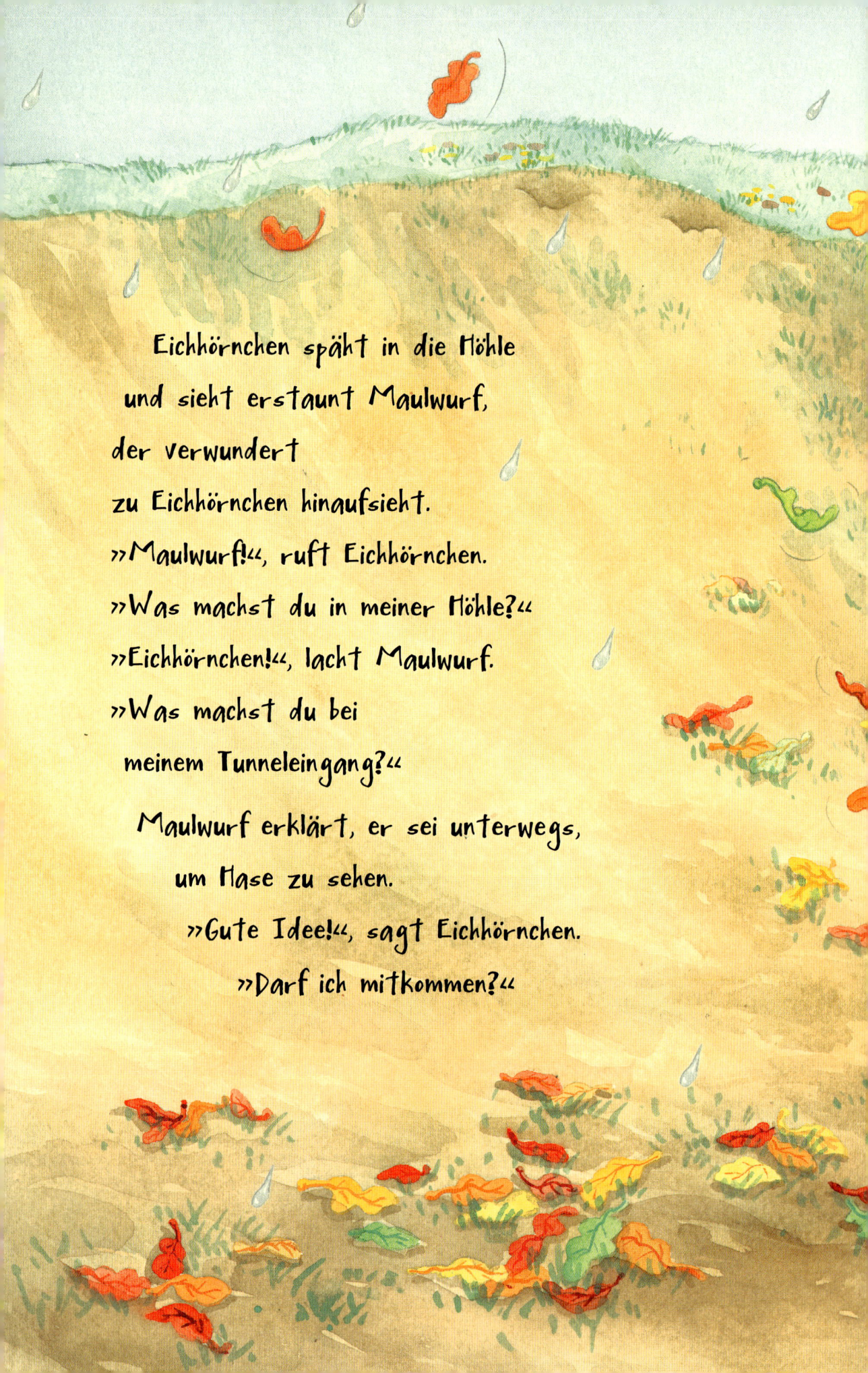

Eichhörnchen späht in die Höhle
und sieht erstaunt Maulwurf,
der verwundert
zu Eichhörnchen hinaufsieht.
»Maulwurf!«, ruft Eichhörnchen.
»Was machst du in meiner Höhle?«
»Eichhörnchen!«, lacht Maulwurf.
»Was machst du bei
meinem Tunneleingang?«
Maulwurf erklärt, er sei unterwegs,
um Hase zu sehen.
»Gute Idee!«, sagt Eichhörnchen.
»Darf ich mitkommen?«

Igel hat einen Haufen trockener Blätter gefunden und sich gerade für ein Nickerchen hingelegt,

da spürt er ein Kratzen auf seinem Rücken.

»Mist - Käfer«, schreit Igel und springt hoch.

Maulwurf taucht auf:
»Verzeih, Igel! Ich musste nach oben,
um einen Weg zwischen diesen Wurzeln zu finden.«
Plötzlich ragt Eichhörnchens Kopf aus dem Tunnel:
»Wir sind unterwegs, um Hase zu treffen.«
»Seit Tagen schon haben wir ihn nicht
mehr gesehen!«, sagt Maulwurf.
»Ausgezeichnete Idee«, sagt Igel.
»Darf ich mitkommen?«

Im Tunnel ist es dunkel.
Weder Eichhörnchen noch Igel wissen weiter.
Also folgen sie Maulwurf.

»Woher weißt du, wo wir sind?«, fragt Eichhörnchen.
»Sind wir auf dem richtigen Weg?«, fragt Igel.
»Keine Angst«, beruhigt Maulwurf. »Beim Tunnelgraben bin ich Meister.«

Hase liegt in seiner Höhle
und fühlt sich miserabel.
Schwer erkältet,
will er in seinem Bau bleiben,
bis sich das Wetter bessert.
Doch seit einer Woche regnet es und Hase
vermisst seine Freunde - besonders Maulwurf.
Hase hat Angst, seine Freunde könnten
ihn vergessen haben.

Hier so allein - jetzt weiß ich,
was Einsamkeit ist, grübelt Hase.
  Wie schön wäre es doch, wenn
    jemand vorbeischauen würde.

Im nächsten Augenblick hört Hase ein Scharren,
Erde rieselt vom Dach der Höhle.

Hase traut seinen Augen nicht: Erdklumpen fallen herunter und schon landen Maulwurf, Igel und Eichhörnchen auf dem Boden der Höhle.

»Maulwurf! Eichhörnchen! Igel!«, strahlt Hase.
»Ich habe euch sooo vermisst!«

Als Maulwurf, Eichhörnchen und Igel bemerken, dass Hase krank ist, zeigt sich, was echte Freundschaft ist. Eichhörnchen läuft zum Tunnel zurück und bringt Hase einige Nüsse. Igel holt trockene Blätter für ein neues Bett.

Gleich fühlt sich Hase viel besser,
schon plaudert er wieder froh.

Nur Maulwurf ist traurig.
»Was ist los, Maulwurf?«, fragt Hase.
»Jeder hat dir etwas gebracht, damit es dir besser geht«, erklärt Maulwurf, »nur ICH nicht – dabei habe ICH dich am meisten vermisst!«

»Ach, Maulwurf«, sagt Eichhörnchen.
»DU sollst nicht traurig sein. Immerhin war es
DEINE Idee, Hase zu besuchen.«
»Ohne DEINEN Tunnel wären wir jetzt
nicht hier«, sagt Igel.
»Auch DU hast mir etwas mitgebracht«,
sagt Hase.
Maulwurf versteht und sagt schmunzelnd:
»Ja, ich habe deine FREUNDE mitgebracht!«
»Ja«, sagt Hase, »du hast meine Freunde
    mitgebracht - das ist
        das SCHÖNSTE GESCHENK der Welt!«

Für meinen Sohn Max ~ J. E.
Für Humphrey ~ V. C.

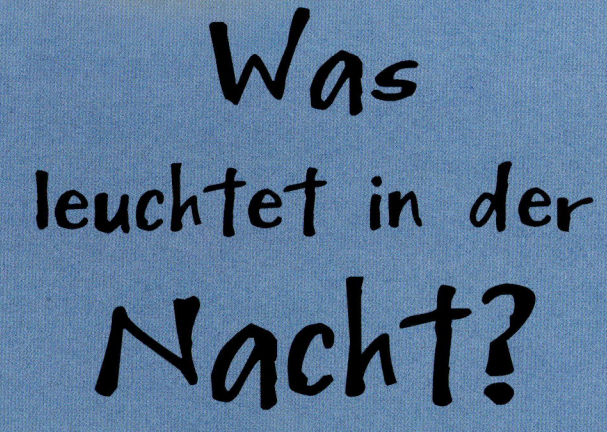

Was leuchtet in der Nacht?

»Buddel, buddel – da, ganz oben!«,
ruft Maulwurf, als er eines Nachts
den Kopf aus seinem Bau streckt.
»Was kann das sein?«
Der Mond leuchtet über ihm am Himmel
wie eine Silbermünze.
Maulwurf staunt, weil er noch nie
etwas Schöneres gesehen hat.

»Was auch immer das ist – ich muss es haben!«, denkt Maulwurf.
»Gewusst wie: Ich springe hoch und ziehe es herunter.«

HOPS
HOPS!

HOPSE

DIHOPS!

Maulwurf springt so eifrig, dass er nicht merkt, welchen Lärm er macht. Er weckt sogar Hase in seinem Bau auf.

»Maulwurf!«, ruft Hase.
»Weißt du auch, was du da machst?«
»Hallo, Hase«, sagt Maulwurf.
»Ich versuche, dieses leuchtende Ding herunterzuziehen.«
»Meinst du den Mond?«, fragt Hase.
»So also heißt das Ding«, sagt Maulwurf.
»Das wirst du nie schaffen«, sagt Hase.
»Der ist nicht so nah, wie es scheint.«

Doch Maulwurf denkt nicht daran, aufzugeben.
»Gewusst wie: Ich hole einen Stock und fische ihn herunter.«
Er findet einen langen Stock und fuchtelt damit in der Luft.

WISCH
WISCH!

»Maulwurf«, stöhnt Igel.
»Was beim heiligen Glühwürmchen hast du vor?«
»Hallo, Igel!«, sagt Maulwurf.
»Ich versuche, den Mond herunterzuholen.«
»Das wirst du nie schaffen«, sagt Igel.
»Der ist nicht so nah, wie es scheint.«

»Autsch!«, jammert Eichhörnchen.
»Bist du verrückt geworden, Maulwurf?«
»Hallo, Eichhörnchen«, sagt Maulwurf.
»Ich versuche, den Mond herunterzuholen.«
»Das wirst du nie schaffen«, sagt Eichhörnchen.
»Der ist nicht so nah, wie es scheint.«

Doch Maulwurf will den Mond so unbedingt, dass er überhaupt nicht daran denken will, aufzugeben. »Gewusst wie: Ich klettere auf den Baum und fange ihn ein.«

Maulwurf ist noch nie
auf einen Baum geklettert.
Er hat Angst, so weit
vom Boden entfernt zu sein.
Aber er klettert weiter,
bis er den Mond in den
Blättern über sich
ruhen sieht.

Maulwurf streckt seine
Pfoten aus.
Doch gerade als er glaubt,
den Mond zu haben...
verliert er den Halt!

AU!
AUWEH!
AUWEIA!
AUWEI!

Maulwurf fällt herab und landet
PLATSCH!
inmitten einer Pfütze!

»Buddel, buddel, Kuddelmuddel – verflixt!«,
denkt Maulwurf.
»Diesmal hätte ich ihn beinahe erwischt.«
Da bemerkt er in der Pfütze etwas schwimmen.
Es ist blass und zerknautscht,
doch Maulwurf erkennt es sofort.

»Der Mond«, flüstert Maulwurf.
»Er muss mit mir heruntergefallen sein.«
Maulwurf versucht, den Mond aufzuheben.
Doch als er ihn berührt, teilt er sich
in Stücke und verschwindet.

Maulwurf sitzt in der Pfütze und weint.
Hase, Igel und Eichhörnchen laufen heran.
»Geht es dir nicht gut, Maulwurf?«,
fragt Hase.

»Doch, doch, mir geht es gut«, schluchzt Maulwurf. »Aber dem Mond geht es schlecht! Ich habe ihn heruntergezogen und dann zerbrochen. Er war so wunderschön! Und jetzt werde ich ihn nie wiedersehen!«

»Ach, Maulwurf«, sagt Hase.
»Du kannst den Mond nicht heruntergezogen haben.«
»Und zerbrochen haben kannst du ihn auch nicht!«, sagt Igel.
»Und du wirst ihn wiedersehen!«, sagt Eichhörnchen.
»Schau!«
Hoch am Himmel über ihnen schiebt sich der Mond
hinter einer Wolke hervor.
»Oh«, flüstert Maulwurf.
»Er ist so wunderschön wie immer.«

Maulwurf, Hase, Igel und Eichhörnchen
schauen gemeinsam zum Mond hinauf.
»Er ist wunderschön«, sagt Hase.
»Wunderwunderschön!«, sagt Igel.
»Absolut wunderwunderschön!«,
sagt Eichhörnchen.

»Ja«, sagt Maulwurf. »Aber so nah, wie es scheint, ist er NICHT!«

1. Auflage 2016
© Annette Betz in der Ueberreuter Verlag GmbH, Berlin 2016
ISBN 978-3-219-11706-6

Kompilation folgender bei Annette Betz erschienener Einzeltitel:

Das allerschönste Geheimnis
© Annette Betz in der Ueberreuter Verlag GmbH, Berlin 2015
ISBN 978-3-219-11541-3
Zu Hause ist es am schönsten
© Annette Betz Verlag im Verlag Carl Ueberreuter, Wien – München 2012
ISBN 978-3-219-11514-7
Das schönste Geschenk der Welt
© Annette Betz in der Ueberreuter Verlag GmbH, Berlin 2014
ISBN 978-3-219-11518-5
Was leuchtet in der Nacht
© Annette Betz in der Ueberreuter Verlag GmbH, Berlin 2013
ISBN 978-3-219-11547-5

Originalausgaben erschienen unter den Titeln *A Secret Worth Sharing*, *No Place Like Home*,
The Best Gift of All, *Bringing Down the Moon* bei Walker Books Ltd., London
Text © 2011, 2004, 2008, 2001 Jonathan Emmett
Illustrations © 2011, 2004, 2008, 2001 Vanessa Cabban
Aus dem Englischen von Peter Ahorner
Published by arrangement with Walker Books limited, 87 Vauxhall Walk, London SE11 5HJ

Alle Rechte vorbehalten. Das Werk darf – auch teilweise –
nur mit Genehmigung des Verlages wiedergegeben werden.
Lektorat: Christiane Lawall
Umschlag- und Innenillustrationen: Vanessa Cabban
Gedruckt in China.

www.annettebetz.de